Clara Journot

Literarisches Schreiben I

— Inspiration und Kreativität —

Bibliografische Information der Deutschen Nationalbibliothek:
Die Deutsche Nationalbibliothek verzeichnet diese Publikation in der Deutschen Nationalbibliografie; detaillierte bibliografische Daten sind im Internet über http://dnb.dnb.de abrufbar.

TWENTYSIX – Der Self-Publishing-Verlag
Eine Kooperation zwischen der Verlagsgruppe Random House und BoD – Books on Demand

© 2020 Clara Journot

Umschlagsfoto: © Clara Journot

Fotos im Textteil: © Clara Journot

Herstellung und Verlag:
BoD – Books on Demand, Norderstedt

ISBN: 978-3-7407-6810-2

Leute, die reden, schreiben nicht.
Sie reden nur.

(Christopher Morley,
Eine Buchhandlung auf Reisen)

Inhaltsverzeichnis

Worum geht es in diesem Buch? 9
Literarisches Schreiben als Kunstform 13
   1. Was ist literarisches Schreiben? 15
   2. Schreiben, schreiben, schreiben! 19
   3. Inspiration und literarisches Schreiben 21
   4. Die Essenz des literarischen Schreibens 27
   5. Der kreative Prozess beim Schreiben 31
   6. Die vier Phasen des literarischen Schreibens 35
   7. Die dramatische Struktur 41
   8. Anfang – Mitte – Ende 45
   9. Originelles schöpferisches Schreiben 49
   10. Die Figuren erzählen ihre Geschichte 53
   11. Dialoge führen 55
   12. Gibt es den fiktiven Erzähler? 59
Literarisches Schreiben als Handwerk 63
   1. Kürzestgeschichte 65
   2. Mit allen Sinnen 67
   3. Wortschatz 69
   4. Beobachtungsgabe 73
   5. Verknüpfungen 77
   6. Flow 81
   7. Plotten 85
   8. Der Anfang 89

9. Variationen	93
10. Figuren gestalten	95
11. Dialoge schreiben	99
12. Perspektivwechsel	103
Wie geht es weiter?	**107**
Notizen	**109**

Worum geht es in diesem Buch?

Ich bin Clara Journot und ich freue mich, dass du hier bist. Ich bin seit über 20 Jahren als Autorin, Dozentin und Schreibcoach für wissenschaftliches und literarisches Schreiben tätig und widme mich seit einigen Jahren überwiegend meinen literarischen Schreib- und Buchprojekten.

In diesem Buch geht es um das literarische Schreiben. Seit in den 1970er-Jahren in den USA das Creative Writing entwickelt wurde, hat sich diese Schreibmethode auch hier bei uns immer weiter verbreitet. Das ist an sich begrüßenswert, weil sich immer mehr Menschen zutrauen, fiktionale Texte zu schreiben. Doch führt der Begriff des kreativen Schreibens häufig zu der Fehlannahme, jede*r könnte einfach drauflos schreiben, wenn sie oder er nur den passenden Plot hat. Durch die Möglichkeiten des Bloggens im Internet und in den sozialen Medien sowie des Self-Publishings hat die Zahl der Veröffentlichungen in den vergangenen Jahren enorm zugenommen. Immer mehr Menschen schreiben und veröffentlichen ihre Texte, ohne dass eine kompetente Lektorin noch einmal gegenliest und Anregungen zu Verbesserungen gibt. Die Kurse zum kreativen Schreiben, die zuhauf und meist gegen teures Entgelt angeboten werden, vermitteln ebenfalls den Eindruck, dass jede*r einen Roman schreiben kann, sofern sie oder er bestimmte Methoden anwendet und fest vorgegebene Schreibregeln befolgt.

Bei alldem gerät aber in Vergessenheit, dass Literatur eine Form der visuellen Kunst ist. Zuallererst musst du Talent haben. Talent kann man nicht lernen. Aber damit sich diese tief in dir verwurzelten Fähigkeiten entfalten und ihren Ausdruck in der Sprache finden können, musst du – wie bei jeder anderen künstlerischen Ausdrucksform auch – das Handwerk erlernen und anwenden. Ein Musiker muss sein Instrument beherrschen, bevor er ein Musikstück spielen und damit auftreten kann. Eine Malerin muss gelernt haben, wie sie den Pinsel führen muss, um ihren inneren Bilden Ausdruck verleihen zu können. Und ein*e Autor*in muss Sprache gestalten und in eine Form bringen können, bevor sie oder er etwas Geschriebenes veröffentlicht. Ich verwende daher bewusst den Begriff des literarischen Schreibens.

In diesem Buch gibt es im ersten Teil unter dem Titel *Literarisches Schreiben als Kunstform* Beiträge zur Schreibtheorie. Zu jedem thematischen Beitrag gehört eine Schreibübung. Die Schreibübungen findest du im zweiten Teil des Buches unter dem Titel *Literarisches Schreiben als Handwerk*. Du kannst sie auch unabhängig von dem dazugehörigen Beitrag zur Schreibtheorie anwenden. Es sind Fingerübungen, die dir helfen sollen, in den Schreibfluss und den künstlerischen Flow zu gelangen. Du darfst jederzeit, wenn du den Impuls dazu verspürst, von den Vorgaben der Schreibübung abweichen, darüber hinaus gehen oder etwas völlig anderes schreiben. Du musst dich also nicht streng an die Aufgaben halten. Betrachte sie als Anregungen.

In diesem 1. Band zum literarischen Schreiben geht es um Inspiration und Kreativität, das Erwecken der schöpferischen Ideen und die Grundlagen des literarischen Schreibens. Du kannst damit kleinere Schreibprojekte, Geschichten, Erzählungen und Episoden gestalten. Demnächst werde ich im 2. Band zum literarischen Schreiben Anregungen zum Konzipieren und Gestalten größerer Schreibprojekte bis hin zum Roman geben.

Ich wünsche dir viel Vergnügen beim Lesen dieses Buches und beim Schreiben, Schreiben, Schreiben.

Lass deine Ideen sich entfalten!

Literarisches Schreiben als Kunstform

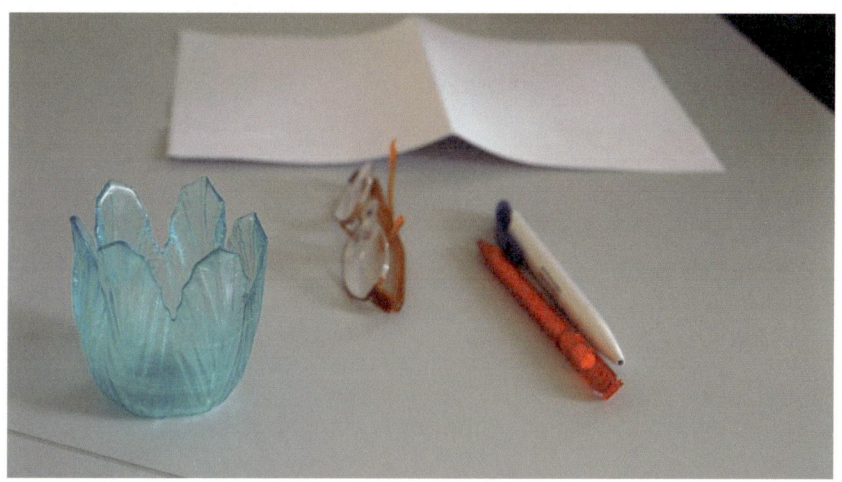

Schreibtheorie

1. Was ist literarisches Schreiben?

Ich habe eingangs bereits erwähnt, dass Literatur eine Kunstform ist und ich deshalb den Begriff des literarischen Schreibens verwende. Aber was genau ist literarisches Schreiben? Generell ist literarisches Schreiben Ausdruck von Ideen, philosophischen Gedanken, gesellschaftlichen und psychologischen Entwicklungen, von Geschichte und Politik durch Sprache. Das Gestaltungsmittel der Sprache ist die Sprache. Der Erzählstil, die Beschaffenheit und Anordnung der Worte, die Struktur der Sätze, die Gestaltung des Textes und die Sprachmelodie erschaffen sowohl beim Schreibenden als auch beim Lesenden Vorstellungen, Gedanken und Wortfiguren.

Literarisches Schreiben ist Bildmalerei,
ein Ausdruck schöpferischer Fantasie.

Es kommt beim literarischen Schreiben darauf an, eine fiktive Geschichte zu erschaffen, die von einer bestimmten Ausgangssituation ausgeht, und die, vorangetrieben durch ihre Figuren, einem bestimmten Ende zustrebt, wobei sie Entwicklung und Ergebnis sinnvoll miteinander verknüpft. Rahmen, Ort und Handlung, auch das Genre, in die wir eine solche Erzählung stellen, ist uns überlassen. Ich verwende daher auch den Begriff des fiktionalen Schreibens.

Literarische Fiktion ist eine fiktive, mit sprachlichen Mitteln gestaltete Geschichte. Sie wird getragen von Figuren, Ort und Zeit sowie einer Handlung, die zu einem bestimmten Ende hinstrebt. Der Anfang beinhaltet das Ende bereits in sich und das Ende bezieht sich auf den Anfang. Die fiktiv geschaffene Umgebung und Handlung müssen die Regeln der Wahrscheinlichkeit beachten, sie müssen stimmig sein. Literarische Fiktion ist nicht nur anspruchsvolle gehobene Literatur, sondern umfasst jedes Genre. Was wir Genre nennen, ordnet sich diesen elementaren Bestandteilen des Erzählens unter.

Leg dich nicht auf ein Genre fest.

Damit wir wissen, was wir tun, wenn wir schreiben, ist es hilfreich, Kenntnisse über die Erzähltheorie zu haben, die uns die Literaturwissenschaft vermittelt. Aber die Literaturwissenschaft richtet sich vornehmlich an Menschen, die Literatur theoretisch erklären, erforschen und analysieren wollen. Doch wir wollen selbst Literatur schreiben. Deshalb müssen wir Methoden für uns entdecken, die unsere inneren Bilder und Vorstellungen hervorrufen, um daraus eine Geschichte entstehen zu lassen. Kunst, Gestaltung, Schaffen und Schöpfen von Texten ist ein Prozess, der darin besteht, unsere Ideen sich entfalten zu lassen.

Das sogenannte Handwerk des Schreibens ist das Schreiben. Indem du den Stift über das Papier gleiten lässt, wird durch die Koordination von Gedanken, die im Gehirn entstehen, und der Ausübung der Gedanken in der schreibenden Hand der Teil des Gehirns angeregt, der für die Schaffenskraft, die Kreativität zuständig ist. Demgegenüber regt das bloße (Auswendig-) Lernen von Schreibtheorien, wie sie in Kursen des kreativen Schreibens vermittelt werden, nur den für das vernunftbetonte und leistungsorientierte Denken zuständigen Teil des Gehirns an. Dies kann sogar eher hinderlich sein und den Schreibfluss blockieren.

Das Schreiben mit der Hand ist die beste Methode, den Schreibfluss anzuregen.

Führe die Schreibübungen in diesem Buch mit Hand und Stift aus, auch wenn du mit der Tastatur schneller sein solltest.

Durch das regelmäßige Schreiben wirst du nach und nach deine eigene Art entdecken, deine Ideen auszudrücken. Du findest deinen Erzählstil, deine *Erzählstimme*. Das, was du – bewusst oder unbewusst – mitteilen willst, wird in deinem Geschriebenen lesbar. Du berührst die Leser*innen. Sei aufmerksam, was geschieht, wenn du schreibst. Versuche nicht zu imitieren, versuche nicht noch einen Roman zu schreiben wie die Erfolgsautorin XY, versuche, aus deinem eigenen Ideenschatz zu schöpfen und das zu schreiben, was sich dir zeigt. Schon oft haben Schreibende versucht, etwas Leichtes, Humorvolles zu schreiben und haben stattdessen eine traurige Geschichte gefunden. Greife zu und schreibe es auf!

Das ist literarisches Schreiben als Kunstform.

2. Schreiben, schreiben, schreiben!

Literarisches Schreiben ist eine Form der visuellen Kunst, Ausdruck unserer inneren Bilder und Gestaltung der Sprache. Wie bei jeder anderen Kunstform, etwa Malerei, Musik oder Tanz, sind Talent und Schöpfungskraft unverzichtbar. Vor allem aber musst du das Handwerk des Schreibens erlernen und anwenden.

Die einzige Art, das literarische Schreiben zu erlernen, ist das Schreiben.

Es gibt keinen anderen Weg, als regelmäßig zu schreiben! Musiker*innen benötigen viele Jahre des Übens, bis sie ihr Instrument spielen und Musikstücke vorführen und interpretieren können. Auch als Autor*in brauchst du diese Zeit, bis du deine Ausdrucksweise, deine eigene Art, Geschichten zu erzählen, gefunden hast und deine Erzählsprache beherrschst.

Es reicht nicht aus, dass du beschließt, einen Roman zu schreiben, nur weil du gerne Fantasy, Romanzen, historische Romane oder Krimis/Thriller liest, dich hinsetzt und einfach drauflos schreibst. Ebenso wie ein*e Musiker*in musst du üben, üben, üben. Auch eine Fantasy-Story muss in Bezug auf ihre Figuren, Ort, Zeit und Handlung stimmig sein, ein historischer Roman muss gut recherchiert und in der dieser Zeit angemessenen Sprache geschrieben sein und ein Krimi/Thriller muss gut konstruiert und glaubwürdig sein, damit die Leser*innen gefesselt werden.

Um dies zu erreichen, musst du schreiben, schreiben, schreiben!

Dein Schreibgerät ist dein Werkzeug und dein Instrument. Durch den Stift überträgst du deine Gedanken, Ideen, Bilder, Empfindungen auf das Papier. Du musst nicht Literatur- oder Sprachwissenschaften studiert haben, um selbst literarische Fiktion schreiben zu können. Ein solches Studium vermittelt, wie literarische Texte interpretiert werden, hat also eine analytische Herangehensweise. Das literarische Schreiben aber ist ein produktionsorientierter Umgang mit Literatur. Das Lesen und Analysieren von Texten kann dir jedoch helfen, deinen Wortschatz zu erweitern und deinen Sprachstil zu schulen.

Du kannst deinen Schreibfluss fördern, indem du die Quelle deiner Fantasie anzapfst, deine Schöpfungskraft. Dies geschieht am besten durch Schreibübungen, wie die, die ich im zweiten Teil dieses Buches *Literarisches Schreiben als Handwerk* anbiete. Es sind kleine Lockerungs- oder Fingerübungen, bei denen es darum geht, alles niederzuschreiben, was dir gerade zu einem bestimmten Thema in den Sinn kommt, die Worte assoziativ fließen zu lassen, ohne zu lange zu überlegen, zu hinterfragen, zu kritisieren und zu blockieren.

Wenn du auf diese Weise deinen Schreibfluss in Gang gesetzt hast, kannst du mit der eigentlichen Arbeit des literarischen Schreibens und der Sprachgestaltung beginnen.

Das literarische Schreiben ist ein immer währender Prozess.

3. Inspiration und literarisches Schreiben

Das literarische Schreiben lebt von der Inspiration, also von der geistigen Eingebung, einem unerwarteten Einfall als Ausgangspunkt für die kreative Schöpfungskraft. Doch wo bekommst du die Ideen her?

Die Quelle der Inspiration liegt in dir selbst.

Wir alle tragen einen Erfahrungsschatz aus implizitem (stillem) Wissen in uns, aus dem wir schöpfen können. Kreative Gedanken entstehen aus Dingen, die wir erlebt haben, Informationen, die wir gehört, gelesen, gesehen, gefühlt und scheinbar wieder vergessen haben, die aber in unserer Erinnerungskiste abgelegt und zu unserem unbewussten Gedächtnis geworden sind. Wir können uns diese inneren Schätze nur wieder zugänglich machen, indem wir gerade nicht – wie wir es häufig gewohnt sind – zielgerichtet und bewusst denken. Denn dann folgen wir nur unseren alten Denkmustern und können keine neuen Wege betreten.

Was wir brauchen ist Begeisterung für neue Ideen und Einsichten!

Aber wie kann es gelingen, an diesen verborgenen Erfahrungsschatz zu gelangen und die schöpferische Kraft zu nutzen?

Das Wissen steckt in unserem Können!

Wir müssen unsere bildhafte Vorstellungskraft nutzen, denn die Bilder existierten lange, bevor es die Sprache gab und die Sprache entstand und entsteht aus Bildern. Die bildhafte Vorstellung steht im Gegensatz zum verkopften Denken, bei dem wir versuchen, zielgerichtet und bewusst etwas zu errichten, herzustellen oder zu konstruieren.

Die Literaturwissenschaft und ihr folgend die neuzeitliche deutschsprachige Literatur basieren auf diesem verkopften Denken. Daher werden von der Fachwelt häufig nur solche Romane als literarisch wertvoll und hochwertig angesehen, die vom Verstandesdenken getragen sind, die unbewusste schöpferische Energie aber nicht zulassen, so dass sie die Leser*innen nicht ansprechen oder berühren. Als Beispiel möchte ich hier den seinerzeit vielfach gelobten Roman *Kraft* von Jonas Lüscher nennen, der ein intellektuelles philosophisches Thema zum Gegenstand hat und es mit Problemen des Neoliberalismus verbindet, dessen Figuren aber flach und leblos wirken und deren Handlungen nicht nachvollziehbar sind. Kein Wunder, dass Roman und Autor mittlerweile in Vergessenheit geraten sind.

Hingegen können Romane, die sich mit alltäglichen Geschehnissen und persönlichen Konflikten befassen, durchaus menschlich bedeutsame Lebensfragen, philosophisch tiefgreifende Gedanken und psychologische Erkenntnisse beinhalten und müssen keineswegs oberflächlich und unbedeutend sein. Auch hier möchte ich ein Beispiel anfügen: *Aus der Welt* von Douglas Kennedy, in dem die Lebensgeschichte einer intelligenten, selbstständigen Frau erzählt wird, die tief verletzt in eine Depression gerät und wieder den Weg zurück ins Leben findet. Dieser Roman ist bewegend und regt zum Nachdenken über die Lebensgestaltung moderner Frauen in der heutigen Zeit an. Wichtig für das literarische Schreiben ist daher, dass wir die Bilder und Empfindungen, die wir in uns selbst hervorrufen, so in Worte fassen, dass sie für unsere Leser*innen nachvollziehbar, nacherlebbar werden.

Es gibt viele Methoden, Ideen zu erwecken und den Schreibfluss in Gang zu bringen.

Die Schreibübungen die ich im zweiten Teil des Buches *Literarisches Schreiben als Handwerk* vorstelle, sind eine von vielen Möglichkeiten, um das bildhafte Denken und die Vorstellungskraft anzuregen. Es kommt hauptsächlich darauf an zu schreiben, schreiben, schreiben. Ansonsten hat jede*r Künstler*in und jede*r Autor*in ihre/seine eigene Art, den Schaffensprozess zu fördern. Die nachfolgenden Techniken können daher nur Vorschläge und Anregungen sein. Sie enthalten kein Patentrezept, das für alle Schreibenden gleichermaßen wirksam ist.

Notieren

- ❖ Schreibe regelmäßig, notiere und skizziere!
- ❖ Führe ein Tagebuch und/oder trage immer ein Notizbuch bei dir.
- ❖ Notiere, was dir gerade an Gedanken in den Kopf kommt, beobachte die Menschen und die Umgebung um dich herum und schreibe auf, was du siehst und sonst noch wahrnimmst.
- ❖ Fertige Skizzen an von Szenen und Ereignissen, die du im Alltag erlebst.
- ❖ Lege das Notizbuch auch neben dein Bett, denn die Zeit kurz vor und nach dem Einschlafen bringt häufig unbewusste Gedanken und Ideen hervor.

Zeit und Stille

- ❖ Nutze die Zeit und die Stille, in der du nichts tust.
- ❖ Lass die Gedanken fließen, ohne an etwas Bestimmtes zu denken.
- ❖ Höre auf das Ticken einer Uhr, schaue in die Flamme einer Kerze oder lausche auf das Tropfen des Regens an deinem Fenster ...
- ❖ Erlaube dir Wachträume.
- ❖ Oder bleibe morgens ein paar Minuten länger im Bett liegen und hänge deinen Nachtträumen und/oder deinen Gedanken nach.

Anregende Orte und Tätigkeiten

- ❖ Suche anregende Orte auf und probiere neue Tätigkeiten aus.
- ❖ Erkunde deinen Wohnort, als wärst du zu Besuch oder ein*e Tourist*in.
- ❖ Fahre mit dem Zug und schaue auf die Landschaft.
- ❖ Setz dich in ein Café und beobachte die Menschen und die Umgebung.
- ❖ Mache Ausflüge in die Natur, wandere durch den Wald oder Park, setz dich an den Strand oder an das Ufer eines Flusses.

- ❖ Gehe ins Museum oder in eine Ausstellung.
- ❖ Höre Musik und gehe in ein Konzert.

Anregende Mittel

- ❖ Genussmittel in Maßen sind erlaubt.
- ❖ Vor allem eine Tasse Tee oder Kaffee kann die Kreativität und den Gedankenfluss anregen. Ebenso Schokolade.
- ❖ Doch vermeide Alkohol, weil er die Gedanken benebelt.

Rituale

- ❖ Entdecke deine eigenen Rituale.
- ❖ Räume deinen Schreibtisch auf, spitze deinen Bleistift, koche dir eine Tasse Tee, höre die Musik, die dich zum Schreiben anregt, bevor du mit dem Schreiben beginnst.
- ❖ Oder, oder, oder …

4. Die Essenz des literarischen Schreibens

Was ist sinnvoller? Ein Konzept für dein literarisches Schreibprojekt zu erstellen oder die Geschichte im Laufe des Schreibens aus sich selbst heraus zu entwickeln, so dass sie erst im Laufe des Schreibens Kontur erhält?

Planen oder drauflos schreiben?

Literarisches Schreiben ist ein Prozess, der in verschiedenen Phasen verläuft. Für jede Phase des Schreibens benötigst du unterschiedliche Schreibenergien. Am Anfang stehen die wilden und unausgegorenen Ideen, sie entstammen dem verrückten, kreativen Geist, der Ideen generiert und der von der bildhaften Vorstellungskraft lebt. Aber irgendwann musst du planerisch eingreifen und dem Ideenfluss eine Struktur verleihen. Denn sonst läufst du Gefahr, mitten im Schreiben die Orientierung zu verlieren. Das ist häufig der Grund dafür, dass Autor*inn*en ihre Schreibprojekte nicht fortführen und beenden: Sie schaffen es nicht, ihre Ideen zu verknüpfen und den Verlauf der Geschichte festzulegen. Irgendwann versanden die Ideen.

Die Prämisse – ein altes Missverständnis

Eine wichtige Strukturierungshilfe kann die sogenannte Prämisse sein – ein Begriff aus der Erzähltheorie, der in Kursen zum kreativen Schreiben häufig gebraucht und blind wiederholt, aber nie zutreffend erklärt und erst recht nicht verstanden wird.

> *»Die Prämisse ist die Essenz dessen,*
> *was eine Geschichte zu beweisen versucht.«*
> (Lajos Egri, The Art of Dramatic Writing, 1946/1960, S. 1)

Das Konzept der Prämisse hat *Egri* ursprünglich für die dramatische Struktur entwickelt, für das Schreiben von Theaterstücken. Jedem Drama müsse eine Prämisse zugrunde liegen, an der sich die Handlungsführung und die Entwicklung der Charaktere zu orientieren und sich unterzuordnen haben. *Egri* geht außerdem von einem strikten Aufbau aus, bestehend aus Anfang, Höhepunkt (Konflikt) und Schluss (Lösung), durch den ein Spannungsbogen erzeugt werden soll. Dieses streng einzuhaltende schematische Vorgehen ist aber nicht für alle Formen des literarischen Schreibens geeignet, vor allem nicht für alle Romane und Kurzgeschichten. Denn nicht alle literarischen Werke folgen der Struktur eines typischen Hollywood-Spielfilms. Bei der Erzählmethode nach *Egri* besteht vielmehr die Gefahr, dass die Figuren zu klischeehaft gezeichnet werden und der Handlungsablauf mit seinem Konflikt zwischen Protagonist und Antagonist zu wenig Raum für die Entwicklung der Charaktere lässt.

Was ist dein Anliegen beim literarischen Schreiben?

Viele Schreibende haben daher Probleme mit der Prämisse, bedeutet sie doch, dass sie bereits vor (*prä*) Beginn des Schreibprozesses wissen sollen, wie die Aussage, die Botschaft ihrer Erzählung lauten soll. Häufig wissen sie aber selbst noch nicht so genau, wohin die Geschichte laufen wird und fühlen sich durch eine strenge Vorgabe eingeschränkt. Vielen fällt es schwer, eine prägnante Formulierung oder Redewendung zu finden, wie etwa *gebranntes Kind scheut das Feuer* oder *der frühe Vogel fängt den Wurm* oder ähnliches. Zutreffender ist es deshalb, vom Anliegen oder von der Botschaft des literarischen Schreibens zu sprechen, von der Antriebskraft, die einer fiktiven Erzählung zugrunde liegt. Wichtig ist die Aussagekraft einer Geschichte. Was willst du deinen Leser*innen mitteilen, was von deiner Sichtweise über das Leben willst du ihnen vermitteln?

Was willst du mit deinem Schreiben bewirken?

Wenn dir dies klar ist, hast du ein Ziel, auf das du hin schreiben kannst. Es ist hilfreich, wenn du zu Beginn oder während des literarischen Schreibens dein Anliegen definierst. Deine Aussage legt den Verlauf der fiktiven Geschichte fest und verhindert, dass du dich selbst mit deinen kreativen Ideen aus den Augen verlierst. Die fiktive Geschichte wird in sich stimmig, ohne dass du ständig den inneren Kritiker einschalten musst, der kontrollieren will, ob du das Konzept der dramatischen Struktur einhältst oder nicht. Die Geschichte entwickelt sich von selbst und du hast den Freiraum, auch andere Formen des literarischen Schreibens auszuprobieren, Mosaikstrukturen, Collagen, Textexperimente Kürzestgeschichten etc.

5. Der kreative Prozess beim Schreiben

Literarisches Schreiben ist eine Form der visuellen Kunst. Und Kunst entsteht durch einen schöpferischen Akt. Schreiben ist ein immer währender kreativer Prozess, der das eigene Denken und die Sichtweise auf die Welt verändern kann.

> *»Die Kunst ist eine Tochter der Freiheit.«*
> (Friedrich Schiller)

Deshalb betone ich immer wieder, wie wichtig es ist, dass wir Zugang zu unseren kreativen Gedanken, Ideen und Schätzen finden und zu den subtileren und verborgenen Bereichen in unserem Wissen vordringen. Denn nur so können wir authentisch sein und eine Tiefe in unseren Geschichten erreichen, die auch andere Menschen anspricht und berührt.

Der Plot – ein altes Missverständnis

Dennoch erlebe ich immer wieder, dass beim sogenannten kreativen Schreiben der Fokus auf den Plot gelegt wird. Dabei ist vielen Schreibenden gar nicht klar, was genau unter dem Begriff *Plot* zu verstehen ist. In der Literaturwissenschaft und der Erzähltheorie gibt es unterschiedliche, zum Teil missverständliche und in sich widersprüchliche Deutungsweisen:

- ❖ Der Plot wird häufig mit der *Handlungslinie* gleichgesetzt. Die Handlungslinie ist eine Kurzbeschreibung der Handlung einer Geschichte. Sie ist an der dramatischen Struktur ausgerichtet, also an dem Aufbau Ausgangslage – Konflikt – Lösung. Die Handlung wird anhand einer chronologischen Abfolge entwickelt.
- ❖ Der Plot wird mit der *Prämisse* gleichgesetzt. Die Prämisse ist die treibende Kraft der Geschichte, die den/die Autor*in durch die Handlung leitet und die dem Konflikt und schließlich der Lösung zustrebt.
- ❖ Der Plot ist mehr als die Chronik von Ereignissen. Der Plot ist eine Kette von Zusammenhängen aus Ursachen und Wirkungen, die zwischen Handlung und Verhalten laufend ein Muster erzeugen (*Warum geschieht etwas?*). Der Plot wirft eine Frage auf und der Handlungshöhepunkt beantwortet sie.
- ❖ Davon zu unterscheiden ist dann das *Thema* der Erzählung. Das Thema ist das, wovon die Geschichte handelt, das, was eine Erzählung behandelt. Man könnte auch sagen: Die Prämisse.

Egal, welcher Deutungsweise du folgst, der Plot ist immer handlungsorientiert. Die Handlung einer Erzählung wird aber von ihren Figuren beziehungsweise Charakteren gesteuert. Also musst du dich zunächst auf die Figuren konzentrieren! Erst durch die Motivation der Hauptfigur, durch ihre Wünsche und durch ihren inneren Antrieb werden die einzelnen Handlungselemente, die wie Perlen auf einer Kette aneinander gereiht sind, zu einem zusammenhängenden Ganzen verknüpft, bei dem jedes Element der Geschichte folgerichtig auf dem vorangegangenen aufbaut.

Aber zurück zum kreativen Prozess des Schreibens: Die Entwicklung des Plots gehört zum Komponieren und Konstruieren einer Geschichte. Hierzu ist logisches und systematisches Denken erforderlich, das Denken *mit dem Kopf*. Der Inhalt einer Erzählung aber sprudelt aus einer Quelle, die nicht dem vernunftbetonten Denken zuzuordnen ist, sondern dem ganzheitlichen Denken in Bildern, Farben und Melodien. Deshalb ist es wichtig, dass wir die musische Seite in uns entdecken. Dass wir in den Flow geraten, in den Schreibfluss, der uns mit seinen Wellen mitreißen kann, so dass die Wörter und Sätze nur so aus uns heraussprudeln, der aber manchmal auch nur vor sich hin tröpfelt, so dass wir ihm jedes Wort abringen müssen.

Wir müssen uns diesem Flow hingeben und dürfen nichts erzwingen wollen.

Entdecke deine musische Seite!

6. Die vier Phasen des literarischen Schreibens

Inspiration, bildhafte Vorstellungskraft und kreative Schöpfungskraft allein reichen nicht aus, um fiktionale Literatur zu schreiben. Literarisches Schreiben ist auch Arbeit, wir müssen ein Konzept erstellen und dies ausfüllen, damit unsere Texte Struktur erhalten.

Literarisches Schreiben ist ein Prozess.

Wir durchlaufen beim literarischen Schreiben mehrere Phasen, die auf unterschiedliche schöpferische Kräfte gerichtet sind. Wir müssen diese Schreibphasen und die damit verbundenen Schreibenergien (er)kennen und sie während des Schreibens bewusst an der Stelle einsetzen, wo sie hilfreich sind und den Schreibfluss fördern können. Tun wir das nicht und versuchen wir, die Schreibenergie einer bestimmten Phase an einer anderen Stelle zu nutzen, kann eine Schreibblockade entstehen.

Du musst dir darüber bewusst sein, dass das literarische Schreiben in einem Prozess verläuft und dass du nicht immer zielgerichtet und linear dabei vorgehen kannst.

Erschaffe dein literarisches Werk!

Beim literarischen Schreiben bilden, schaffen, erstellen wir ein Werk aus Worten und Sprache. Deshalb lässt sich der Schreibprozess auch mit der Errichtung eines Gebäudes vergleichen. *Dr. Betty Sue Flowers* hat hierzu 1979 das *System Roles and the Writing Process* entwickelt. Sie hat den einzelnen Phasen des Schreibens verschiedene Schreibenergien zugeordnet und diese zur Veranschaulichung wie folgt benannt:

- *Madman*: Der verrückte, wilde, kreative Geist, der Ideen entwickelt.
- *Architect*: Der Architekt und Planer, der sicherstellt, dass die Struktur zum angestrebten Ziel passt und solide ist.
- *Carpenter*: Der Baumeister, der das Werk – den Text – errichtet und gestaltet.
- *Judge*: Der Richter oder Sachverständige, der das Werk daraufhin überprüft, ob alles richtig gemacht wurde.

Jeder dieser vier Charaktere repräsentiert eine bestimmte intellektuelle Funktion oder Aufgabe, die du als Autor*in durchläufst. Die verschiedenen Phasen können unterschiedlich stark ausgeprägt sein, können zeitlich variieren und müssen nicht immer idealtypisch in der beschriebenen Reihenfolge verlaufen. Sie können auch ineinander übergehen und sich wiederholen. Wichtig ist, dass du dir darüber bewusst wirst, in welcher Phase des literarischen Schreibprozesses du dich gerade befindest und die entsprechende Schreibenergie nutzt.

Beteilige alle Schreibphasen und Schreibenergien
an deinem Schreibprozess!

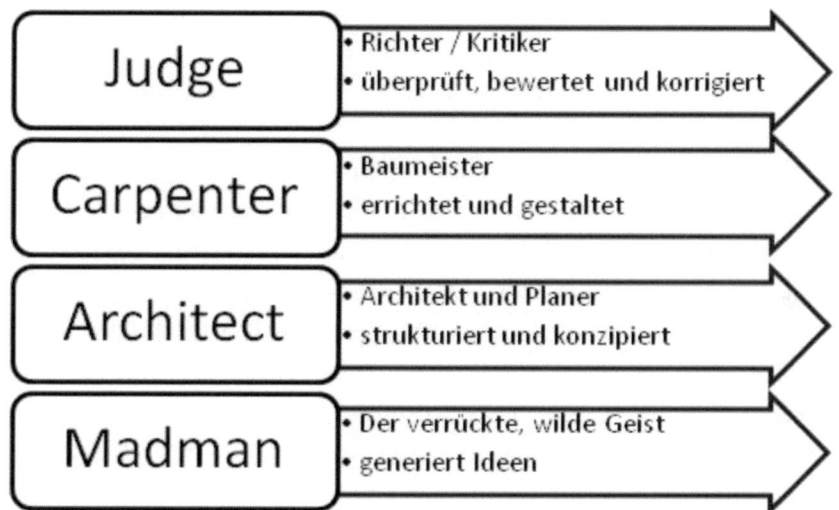

Die 4 Phasen des Schreibens nach Dr. Betty Sue Flowers

Der *Madman* steht hauptsächlich für die bildhafte Vorstellungskraft sowie die Fähigkeit, Potenzial zu entdecken und Ideen zu entwickeln. Aus der Sicht des *Judge* – also der Schreibenergie, die erst in der letzten Phase des Schreibprozesses eingesetzt werden sollte – arbeitet der *Madman* nachlässig und schludrig. Deshalb kommt es in dieser Phase des Schreibprozesses häufig vor, dass der *Judge* die Rolle des inneren Kritikers übernimmt und das gesamte Schreibprojekt – einschließlich deiner persönlichen Fähigkeiten – in Frage stellt und es ablehnt. Der *Madman* muss vor dem *Judge* geschützt werden, damit er die kreativen Ideen nicht von vornherein zensiert und blockiert. Das kannst du erreichen, indem du einen inneren Dialog hältst und dem *Judge*, also der kritischen Stimme in dir, den Platz in einer späteren Phase des Schreibprozesses zuweist.

Der *Architect* hat die Aufgabe, einen Gliederungsentwurf für dein Schreibprojekt zu erstellen. Die Schreibenergie des *Architect* kannst du sinnvoll nutzen, indem du die Ideen des *Madman,* die dir vielleicht zunächst chaotisch erscheinen, arrangierst und anordnest. Dabei brauchst du zunächst keine bestimmte Ordnung einzuhalten. Der *Architect* entwickelt eine Vorstellung davon, wie die einzelnen Teile sich zum ganzen Werk verhalten können und bringt schließlich die ungeordneten Ideen und Gedanken nach und nach in eine lineare Reihenfolge. Daraus entsteht ein erster Entwurf, eine Gliederung oder ein Raster.

Nachdem der *Architect* seine planerische Arbeit getan hat, ist es an der Zeit, die geistigen Fähigkeiten des *Carpenters* einzusetzen. Der *Carpenter* verrichtet die eigentliche Schreibarbeit. Da der *Madman* und der *Architect* die Vorarbeit geleistet haben, braucht er deren Ideen und Struktur nur umzusetzen und in Worte zu fassen. Das Schreiben in dieser Phase verläuft flüssig und ohne Anstrengung. Buchstaben, Worte, Sätze und Absätze reihen sich mühelos aneinander. Sollten in dieser Phase wider Erwarten Hindernisse oder gar Blockaden auftreten, so liegt das daran, dass du nicht zuvor die Energien von *Madman* und *Architect* eingesetzt hast und kopflastig versuchst, etwas zu konstruieren. Der *Carpenter* schöpft aus den Ideen und Plänen von *Madman* und *Architect*, kann sie aber nicht selbst produzieren. Der Text, den du schließlich mit Hilfe der Schreibenergie des *Carpenters* erstellt hast, ist die Rohfassung deines Werks.

Nun endlich darf der *Judge* seine Aufgabe wahrnehmen, den Text in seiner Gesamtheit umfassend und sorgfältig zu überprüfen. Dabei gilt es die Ecken und Kanten zu glätten, an Formulierungen zu feilen, grammatikalische und sprachliche Fehler zu beseitigen und Unebenheiten zu bereinigen. Da der *Judge* sehr kritisch und vernunftbetont vorgeht, ist es für dich als Autor*in sinnvoll, zunächst Abstand zum eigenen Text zu gewinnen, damit das Überarbeiten nicht zu schmerzhaft wird. Auch in dieser letzten Phase des literarischen Schreibens darf der innere Kritiker nicht zu viel Macht über dich gewinnen. Deshalb empfiehlt es sich, den gesamten Text zunächst einmal im Ganzen durchzulesen und zu überprüfen, ob du alles zum Ausdruck gebracht hast, was du ausdrücken wolltest. Der Text sollte alles abdecken und insgesamt eine logische und in sich stimmige Struktur mit einem roten Faden aufweisen. Erst im zweiten Durchgang der Überarbeitung geht es darum, sprachliche Ungenauigkeiten, überflüssige oder fehlende Worte, umständliche Satzkonstruktionen sowie Schreib- oder Grammatikfehler zu bereinigen.

7. Die dramatische Struktur

Die Erzähltheorie geht von der klassischen dramatischen Struktur aus, die allerdings stark handlungsorientiert ist. Jede*r Schreibende, die/der versucht, sich einem bestimmten Genre unterzuordnen, wendet zwangsläufig die dramatische Struktur an und wählt einen strikten Aufbau der Geschichte mit Anfang, Höhepunkt (Konflikt) und Schluss (Lösung). Jedem Drama muss eine Prämisse zugrunde liegen, der sich die Handlungsführung unterordnet. Dadurch, die Erzählfigur in eine Konfliktsituation hineinversetzt wird, soll ein Spannungsbogen erzeugt werden, der die Neugier der Leser*innen schürt und sie wie an einer Schnur in unsere Erzählung hineinzieht.

Die Handlungslinie »plotten«

Für den Handlungsablauf in der dramatischen Struktur, auch Handlungslinie genannt, wird häufig der Begriff *Plot* oder *Plotting* verwendet. Beim *Plotting* erstellst du eine Szenenfolge und entwirfst skizzenartig, wie sich die Handlung nach und nach entwickelt. *Plotting* ist aber mehr als nur eine Aneinanderreihung von Ereignissen. Du musst nicht nur festlegen, was und in welcher etwas Reihenfolge geschieht, sondern auch, wie die einzelnen Handlungselemente miteinander verknüpft sind. Du musst eine Ursachenkette herstellen, bei der sich die eine Handlung zwangsläufig aus der anderen ergibt.

Dies lässt sich beispielhaft anhand des Plots der Heldenreise verdeutlichen:

- ❖ Der Ritter begibt sich auf die Suche nach der Höhle des Drachen.
- ❖ Warum? → Weil er die Prinzessin retten will.
- ❖ Warum will er die Prinzessin retten? → Weil der König eine Belohnung ausgesetzt hat.
- ❖ Warum rettet der Ritter die Prinzessin? → Weil er sich auf die Reise begeben hat. → Weil er besondere Gefahren bewältigt. → Weil er die Höhle des Drachen findet. → Weil er gegen den Drachen kämpft und ihn besiegt.

Du solltest dir aber darüber im Klaren sein, dass durch das *Plotting* nur der äußere Handlungsablauf beschrieben wird. Du konstruierst damit lediglich eine innere Logik der äußeren Ereignisse. Eine Geschichte oder Erzählung wird aber erst dadurch lebendig und spannend, dass der äußere Konflikt mit dem inneren Konflikt übereinstimmt. Für den inneren Konflikt kommt es auf die Motivation, die Charaktereigenschaften des/der Protagonist*in an, die wiederum von der Prämisse bestimmt werden.

Der eigentliche Sinn des Konflikts in der dramatischen Struktur besteht darin:

Der Protagonist muss gezwungen werden, sich zu verändern!

Im Plot der Heldenreise könnte die Prämisse lauten: Der Ritter ist zunächst nicht tapfer, begibt sich aber auf Heldenreise, stellt sich den Herausforderungen und Gefahren und geht als gestärkte – tapfere – Persönlichkeit daraus hervor.

Wichtig ist, dass du dich für einen konkreten Antrieb deines Protagonisten entscheidest. Es reicht nicht aus, dass er/sie so handelt, wie es möglicherweise andere Personen in derselben Situation tun würden und wie es allgemein psychologisch stimmig sein könnte. Nein, die Hauptfigur muss eine ganz bestimmte Motivation haben, die ihr spezielles Handeln in dieser Situation bestimmt.

Im Beispiel der Heldenreise könnte sich der Konflikt daraus ergeben, dass die Prinzessin gar nicht gerettet werden will, weil sie gegen ihren Vater, den König, rebelliert. Sie will lieber bei dem gewalttätigen Drachen bleiben. Der Ritter seinerseits wurde bisher von seiner Mutter stark bevormundet und hat nicht gelernt, sich gegenüber starken Frauen aufzulehnen. Die Herausforderung besteht darin, die Prinzessin davon zu überzeugen, dass der Drache ihr wehtun und schaden wird und dass es besser für sie ist, ihm, dem Ritter, zu folgen. Der Ritter ist dadurch motiviert, dass er selbstständig Entscheidungen treffen und sich nicht länger bevormunden lassen will.

Es ist also unerlässlich, dass du dich intensiv mit dem Hintergrund der Hauptfigur beschäftigst und sie formst!

»Nur dann, wenn man weiß, was man wirklich sagen will,
wird man eine Geschichte auch mit Sicherheit
zu einem Ende bringen.«
(Otto Kruse, Kunst und Technik des Erzählens)

8. Anfang – Mitte – Ende

Literarisches Schreiben ist eine Form der künstlerischen Darstellung. Wie bei jeder anderen Kunstgattung auch musst du beim literarischen Schreiben eine Vorstellung davon haben, was du schaffen willst. Die Ideen für eine Erzählung oder eine Geschichte findest du in deiner kreativen Schatzkiste, deiner Quelle der Inspiration. Doch deine kreative Schöpfungskraft kannst du nur dann sinnvoll nutzen, wenn du die Ideen, die du aus deinem Erfahrungsschatz schöpfst, in eine Ordnung bringst. Bevor du damit beginnen kannst, einen Text auszuformulieren, musst du also ein Konzept haben und eine Skizze für den Handlungsablauf erstellen.

Eine Geschichte muss sich entwickeln.

Doch wie ausführlich muss das Konzept sein? Wie umfangreich und vollständig soll das Konstrukt werden, in das du deine kreativen Ideen setzt? Musst du alles sorgfältig planen und festlegen oder darfst du auch einfach mal drauflos schreiben?

Eine vollkommen ausgearbeitete und durchkonstruierte Geschichte ist wie ein enges Korsett, in dem deine Figuren sich nicht bewegen können und in dem sie hölzern und distanziert wirken. In einer konstruierten Geschichte muss es genügend Raum geben, damit sich deine kreativen Gedanken entfalten können. Das Konstrukt kann daher nur den Rahmen oder das Gerüst für deine Erzählung bilden. Du musst

>>*eine gute Mischung aus Intuition und Planung finden.*<<
(Otto Kruse, Kunst und Technik des Erzählens).

Deine Figuren müssen eine Motivation für ihre Handlung haben und sie müssen im Laufe der Geschichte eine Wandlung erfahren. Deshalb sollte dein Konzept oder deine Skizze lediglich den Anfang, die Mitte und das Ende des Handlungsablaufs enthalten. Unverzichtbar ist es, eine Prämisse zu haben, die den Antrieb für unsere Hauptfigur darstellt und aus der der Konflikt mit seinem Wendepunkt entsteht.

Der Anfang

Eine geeignete Methode für den Anfang einer Geschichte ist es, mit der Figur zu beginnen und diese die Geschichte erzählen zu lassen. *Sol Stein* empfiehlt in seinem Buch *Über das Schreiben*, eine Szene an den Anfang zu stellen, die sich der Leser vorstellen kann und die so dicht wie möglich an ihrem Höhepunkt beginnt. Das funktioniert gut, wenn du – in deiner Fantasie – deine Figur auf eine Bühne stellst und sie wie in einem Theater oder auf der Leinwand beziehungsweise dem Bildschirm betrachtest. Wie sieht diese Person aus? Was sind ihre Eigenarten? Was verbirgt sich hinter dieser Person? Welche Geschichte hat sie zu erzählen? Was treibt sie an?

Die Mitte

Du schaffst eine Ausgangssituation, in der sich deine Figur befindet und die den Einstieg für den Handlungsablauf darstellt. Dann wird die

Figur durch einen bestimmten Umstand oder ein Geschehnis dazu veranlasst, aus der gewohnten Umgebung auszubrechen. Und die Handlung beginnt unvermeidlich ihrem Höhepunkt zustrebend. Im Konflikt erfüllt sich schließlich die Prämisse, die du vorangestellt hast.

Das Ende

Das Ende der Geschichte muss sich auf den Anfang beziehen. Denn dadurch, dass du eine Prämisse formuliert hast, trägt der Anfang das Ende bereits in sich. Bei der Gestaltung deines Textes musst du darauf achten: Wie wirkt der Anfang der Geschichte im Ende? Du rundest deine Geschichte ab, so dass sie zu einem stimmigen Ende führt.

9. Originelles schöpferisches Schreiben

In Beiträgen und Kursen zum kreativen Schreiben wird den Schreibenden vermittelt, dass sie sich streng an den Aufbau Anfang – Mitte – Ende halten sollen und dass ihre Geschichte einen Protagonisten als zentrale Gestalt haben muss, dem sich ein Antagonist als Widersacher in den Weg stellt.

Auch die Erzähltheorie geht von dieser klassischen dramatischen Struktur aus. So entsteht der Eindruck, die dramatische Struktur sei die einzige richtige Form des literarischen Schreibens und dass jede*r ein Buch schreiben kann, wenn sie/er sich nur streng an die Vorgaben hält und sie schematisch als Handwerkzeug anwendet. Und so überfluten auch Massen an Krimis und Thrillern und Fantasy-Geschichten der Creative Writing Szene den Selfpublisher-Markt.

Doch ist diese Art des Schreibens nicht für alle Autor*inn*en geeignet, da sie stark handlungsorientiert ist. Literarisches Schreiben ist ein Ausdruck der Persönlichkeit und jede* Autor*in muss ihren/seinen eigenen Schreibstil entwickeln, um gelesen, gehört, erkannt und verstanden zu werden.

Experimentelle Strukturen

Literarisches Schreiben besteht nicht nur aus Schreibstil *(Erzählstimme)*, Plot, Prämisse und dramatischem Aufbau. Entscheidend ist der kreative Schaffensprozess als solcher. Hierzu gehört auch, die richtige Form für das zu finden, was du ausdrücken willst. Nicht jede*r Autor*in möchte einen Liebesroman, historischen Roman, Krimi oder Thriller schreiben. Es gibt auch andere literarische Formen, die ebenso wichtig sind und vielfältige künstlerische Gestaltungsmöglichkeiten bieten. Im Gegensatz zur dramatischen Struktur werden diese Gestaltungsmöglichkeiten als experimentelle Strukturen bezeichnet. Stattdessen verwende ich aber den Begriff des originellen schöpferischen Schreibens, weil jede Form des literarischen Schreibens künstlerischer Ausdruck ist und nicht bloßes Ausprobieren. Auch sogenannte experimentelle Strukturen haben ihre Daseinsberechtigung.

Unter dem Begriff des originellen schöpferischen Schreibens verstehe ich Episoden, Mosaike, Collagen, Kürzestgeschichten, Kurzprosa, Haikus sowie künstlerische Gesamtwerke.

Episoden

Episoden sind kurze Geschichten, die sowohl eigenständig für sich stehen aber auch so zusammengefügt werden können, dass sie abgeschlossene Kapitel eines Gesamtwerks ergeben, etwa eines Romans. Auf meiner Website *Quartiere Literataire* erzähle ich Geschichten in Episodenform über meine Kunstfigur *Madame Pipanelle* (https://quartiere-literataire.com/texte-2). Ich habe vor, sie in einem Episodenroman zu vereinen.

Ein weiteres Beispiel für die Episodenform sind die Romane von Elizabeth Strout, etwa *Mit Blick aufs Meer*. Die Geschichten werden dadurch miteinander verbunden, dass die Personen der einzelnen Episoden in einem Bezug zueinander stehen.

Auch Kürzestgeschichten können zu einem Gesamtwerk zusammengestellt werden (siehe *Schreibübung 1: Kürzestgeschichten* im Teil *Literarisches Schreiben als Handwerk*).

Mosaik

Bei einem Mosaik werden selbstständige Texte zu einem übergeordneten Thema zusammengestellt. Jeder einzelne Text trägt zu einem Gesamtbild bei. Beispiel ist der Roman *Lempi* von Minna Rytisalo, der aus drei eigenständigen Teilen besteht. Aus unterschiedlichen Perspektiven wird die Figur der *Lempi* aus der Wahrnehmung der jeweiligen Erzählperson beschrieben, bis schließlich ein Gesamtbild der Protagonistin entsteht, ohne dass diese selbst in der Geschichte auftaucht. Sie bleibt nur schemenhaft.

Collage

Auch bei einer Collage werden mehrere heterogene, also unterschiedliche Elemente zu einem Gesamtwerk zusammengefügt. Wir können unsere Texte auch mit anderen Medien zu einem Gesamtkunstwerk verbinden – mit Fotos, Musik, Videos, Zeichnungen, Grafiken etc.

Das Buch *Mosaik aus Licht* entstand als Gesamtwerk aus Erzählungen, Geschichten, Gedichten, Haikus und Fotos mehrerer Autorinnen einer Schreibgruppe. Man könnte diese Sammlung daher als Collage bezeichnen. Die Autorinnen haben es als Mosaik bezeichnet, weil mit dieser Form die Vielfältigkeit innerhalb einer Schreibgruppe veranschaulicht werden sollte. Jede Autorin hat ihre eigene Vorstellung und Herangehensweise an das gemeinsame Thema, den Überbegriff Licht.

Autoscheinwerfer, die auf einer Fahrt durch den Wald das Dunkel der Nacht durchschneiden und Erinnerungen aufblitzen lassen, ein Schachbrettmuster ohne schwarze Felder, ein Sternenwanderer, der einer Lichtgestalt folgt, eine Künstlerin auf der Suche nach der richtigen Spiegelung ihres Bildes, Lichtstimmungen eines Sonnentages an der spanischen Küste ...

Erzählungen, Geschichten, Lyrik und Haiku, begleitet von LICHTbildern, fügen sich zu einem einzigartigen Mosaik.

»Wir Leser betrachten einzelne Steine dieses zusammengesetzten Werks, wobei verschiedene Facetten erkennbar werden und hervor leuchten, sich spiegeln und reflektieren und wieder zurücktreten hinter intensive, von Licht und Schatten durchzogene Geschichten ...« (Jürgen vom Scheidt)

10. Die Figuren erzählen ihre Geschichte

Geschichten leben nicht ohne ihre Figuren. Durch die Motivation der Hauptfigur, durch ihre Wünsche und ihren inneren Antrieb werden die Handlungselemente erst zu einem sinnvollen Ganzen verknüpft.

Die Hauptfigur lenkt und leitet die Geschichte.

Ich bevorzuge den Begriff der *Figur*, weil ich ihn für passender halte und für nicht so abstrakt und wissenschaftlich wie die aus der Literaturwissenschaft stammende Bezeichnung *Protagonist*. Ein Protagonist verlangt immer nach einem Gegenspieler *(Antagonist)*. Diese Denkweise entspricht dem Schema der dramatischen Struktur, das aber nicht für alle literarischen Texte gleichermaßen angewendet werden kann (Siehe hierzu auch den Beitrag *Originelles schöpferisches Schreiben*).

Die Figur im literarischen Schreiben aber ist ein künstlerisches Produkt. Du erschaffst sie durch deine bildhafte Vorstellungskraft und durch dein Schreiben, gestaltest sie mit Hilfe deines künstlerischen Handwerks. Die Figur deiner Geschichte ist etwas, was du selbst gestalten kannst, so wie ein*e Bildhauer*in eine Skulptur.

Daher ist meiner Ansicht nach auch der Begriff des *character*, wie er häufig beim Creative Writing im englischsprachigen Raum zu finden ist, nicht zutreffend. Zwar muss meine Figur bestimmte Eigenschaften, Merkmale und Charaktereigenschaften haben; aber ich bin keine

Psychologin, sondern nur Schöpferin, und die Beurteilung der charakterlichen Eigenschaften meiner Figur überlasse ich den Leser*innen.

Liebe deine Figuren!

Wichtig ist, dass du einen persönlichen Zugang zu deinen Figuren findest, dass du ihnen Leben einhauchst und dich in sie hineinversetzt. Du musst sinnbildlich deinen Figuren zuhören und mit ihnen reden, einen inneren Dialog halten, überlegen, wie du oder eine andere Person in derselben Situation sich verhalten würde, was deine Figur denken und fühlen würde. Nur so kannst du deine Figuren auch für deine Leser*innen nachvollziehbar gestalten.

Wenn du deinen Figuren Konturen geben willst, wenn sie authentisch und glaubhaft wirken sollen, dann musst auch du dich selbst als Schreibende*r mit den eigenen – hellen und dunklen – Seiten deiner Persönlichkeit beschäftigen. Du musst die verschiedenen Facetten deines Selbst betrachten, Erinnerungen, Erfahrungen und Empfindungen erwecken und hervorrufen. Nur wenn du diese an und in dir selbst wahrnimmst, kannst du auch tiefgründige – nicht nur schematische und flache – Figuren schaffen.

Jeder Mensch ist nicht nur gut oder böse, stark oder schwach, ernsthaft oder humorvoll, vernunftbetont oder emotional. Die meisten Menschen tragen von beiden Seiten – Licht und Schatten – etwas in sich. Dies gilt es hervorzurufen.

11. Dialoge führen

Dialoge haben in literarischen Texten eine ganz bestimmte Funktion. Dialog (griechisch *Dialogos*) ist die Zwiesprache, das Gespräch, die Rede und Gegenrede, das ist der Wortfluss, das Fließen der Worte.

Das Schreiben von Dialogen braucht besonders viel Sorgfalt und Kunstfertigkeit. Denn die wörtliche Rede charakterisiert die Figuren und trägt zur Entwicklung der Handlung bei. Die Figuren – und die Gespräche, die sie führen – treiben die Geschichte voran.

Die Vorteile des Dialogs im literarischen Text

Wenn du deine Figuren selbst zur Sprache kommen lässt, wird der Text lebendiger, als wenn du den Erzähler nur beschreiben lässt, was gerade geschieht, wie die Figuren sich verhalten und was sie denken. Du kannst ein Thema von mehreren Seiten beleuchten, kannst verschiedene Positionen gegenüberstellen, kannst zwischen ihnen vermitteln oder die Figuren gegeneinander ausspielen.

Dialog ist ein Text mit verteilten Rollen.

Beim literarischen Schreiben stellst du eine Szene dar, in die du deine Figuren hineinsetzt, und regst dadurch deine Leser*innen zum bildhaften Denken an. Dazu gehört auch, dass die Figuren miteinander reden.

In einem Dialog stehen die beteiligten Personen in Beziehung zueinander. Sie kommunizieren. Sie suchen im Dialog die Verbindung zueinander, die Verbindung zwischen verschiedenen (Innen-) Welten und Sichtweisen.

Dialoge in literarischen Texten sind keine Alltagssprache.

Dialoge sind eine Kunstform, eine besondere Form der fiktiven Sprache. Deshalb haben literarische Figuren ihre eigene Sprache, ihre eigene Art zu reden. Verwende beim literarischen Schreiben niemals Alltagssprache! Die Leser*innen wollen nicht lesen, was sie täglich in ihrer wirklichen Umgebung hören. Hier zwei genteilige Beispiele, die das verdeutlichen sollen:

- ❖ Dialoge wie der folgende sind langweilig:

    »Wie läuft es denn mit Lasses Jobsuche?«, fragte sie.
    Terese rümpfe die Nase. »Auf die Schnelle scheint der liebe Gott keinen Job zu liefern.«
    »Nee, der hat vielleicht auch was anderes zu tun.«
    (Camilla Läckberg, Die Schneelöwin)

    Zwar erfahren wir möglicherweise, dass sich eine der Figuren vom Schicksal benachteiligt fühlt. Der Dialog trägt aber nichts zur Handlung bei.

- ❖ Kunstfertiger ist dagegen der folgende Dialog:

    »Ich hatte mal eine Schildkröte, aber die ist abgehauen.«
    »Ach ja?«

»Meine Mom sagt, sie kann überleben, wenn sie's nach draußen geschafft hat.«
»Wahrscheinlich ist sie tot«, sagte ich.
Clementine nahm das tapfer hin. Sie kam zu mir und hielt ihren Arm an meinen: »Guck mal, ich hab Sommersprossen wie der Große Bär.«
(Jeffrey Eugenides, Middlesex)

Der Wortwechsel charakterisiert indirekt die Personen und sagt etwas über ihr Verhältnis zueinander aus.

12. Gibt es den fiktiven Erzähler?

Ein weiteres Thema, das in Kursen zum kreativen Schreiben immer wieder behandelt wird, ist die Erzählperspektive. Doch genauso wie bei den Themen *Plot*, *Dialoge* oder *dramatische Erzählstruktur* wird nicht hinterfragt, was es damit eigentlich auf sich hat. Vor allem aber wird nicht erklärt, weshalb die Erzählperspektive für uns als Autor*inn*en des literarischen Schreibens so wichtig sein soll.

Der Mythos von der Erzählperspektive

Vielen von uns ist das Thema der Erzählperspektive im Schulunterricht oder im Studium begegnet, wenn es darum ging, fremde Texte zu analysieren. Ich fasse hier die wesentlichen Punkte kurz zusammen:

- Personale Erzählperspektive

    - Die Geschichte wird durch die Augen des Protagonisten in der Ich- oder Er-/Sie-Form erzählt.
    - Die Leser*innen erfahren etwas über das Innenleben des Protagonisten, aber nichts über die Gedanken und Gefühle der anderen Figuren.
    - Dadurch können sich die Leser*innen mit dem Protagonisten identifizieren.

- ❖ Auktoriale Erzählperspektive

    - o Der Erzähler ist allwissend und kommentiert das Geschehen.
    - o Der Erzähler steht als Beobachter außerhalb der Geschichte und hat eine Distanz zu der Hauptfigur und dem Geschehen.
    - o Die Leser*innen erfahren alles über die Personen, ihre Gedanken und Gefühle, sowie über sämtliche Handlungsstränge.

- ❖ Neutrale Erzählperspektive

    - o Der Erzähler schildert das Geschehen sachlich neutral von außen.
    - o Wir erhalten keinen Einblick in das Innenleben der Figuren.

Diese Unterteilung der Erzählperspektiven stammt aus den Literaturwissenschaften, speziell aus der Erzähltheorie. Sie ist also von Bedeutung, wenn wir Texte analysieren und bestimmte Erzählsituationen untersuchen und interpretieren wollen. Als Autor*in literarischer Texte schreibst und gestaltest du aber selbst fiktionale Texte. Deshalb solltest du dir zwar darüber bewusst sein, welche Wirkung du bei den Leser*innen hervorrufst, wenn du eine bestimmte Erzählperspektive einnimmst;

du solltest aber nicht anfangen, deine Texte selbst zu analysieren und dich dadurch in deiner Gestaltungskraft einschränken.

Der Mythos vom fiktiven Erzähler

Als Dozentin habe ich die Erfahrung gemacht, dass es den Schreibenden von literarischen Texten enorme Schwierigkeiten bereitet, das Modell der Erzählperspektive zu verstehen oder gar zu erklären. Das liegt meiner Ansicht nach daran, dass in der Literaturwissenschaft von einem fiktiven Erzähler ausgegangen wird, einer fiktiven Erzählinstanz, die sich vom Autor unterscheidet.

Auch in Kursen zum kreativen Schreiben lauten die Ratschläge:
- Autor und Erzähler dürfen nicht identisch sein.
- Der Autor schreibt, aber der Erzähler erzählt.
- Der fiktive Erzähler ist selbst Bestandteil des fiktiven Geschehens.

Bei diesen Regeln werden jedoch Erzählperspektive und fiktiver Erzähler miteinander vermischt. Das ist für Schreibende tatsächlich sehr verwirrend. Wir sollen nicht selbst die Geschichte erzählen, sondern uns dafür einen – personalen, auktorialen oder neutralen – Erzähler ausdenken, den wir zwischenschalten?

In der modernen Erzähltheorie wird deshalb die Institution des fiktiven Erzählers abgelehnt (siehe etwa: Köppe/Kindt, *Erzähltheorie*). Vielmehr wird nur noch zwischen dem berichtenden Erzähler (*reporting narrator*) und dem geschichtenerzählenden Erzähler (*storytelling narrator*) unterschieden. Eine Unterteilung, die ich absolut unterstütze.

Finde deine Erzählstimme

Du solltest dich also nicht zu viel und zu lange mit dem theoretischen Konstrukt der Erzählperspektive und des fiktiven Erzählers beschäftigen. Viel wichtiger erscheint mir, dass du deine eigene Erzählstimme findest: Deine eigene Art zu schreiben und zu erzählen, deinen persönlichen schreiberischen und künstlerischen Ausdruck, deinen Schreibstil. Diese, deine eigene erzählende Stimme ist unverkennbar und unverwechselbar.

Literarisches Schreiben als Handwerk

Schreibübungen

1. Kürzestgeschichte

Inhalt

In dieser Übung geht es darum, die eigene Sprache und die eigene Ausdrucksweise zu entwickeln. Schreiben bedeutet, die inneren Bilder zum Leben zu erwecken und sie in Worte zu formen. Du musst zunächst selbst Bilder vor deinem inneren Auge entstehen lassen, um das, was du siehst, empfindest und erzählen willst, ausdrücken und anderen mitteilen zu können. Erst dadurch kannst du auch bei den Personen, die deine Geschichte lesen, Bilder erzeugen sowie Eindrücke und Gedanken erwecken.

Aufgabe

- ❖ Betrachte ein Wort, das besonders vielschichtig oder tiefgründig ist, zum Beispiel:

    - o Sturmtief
    - o Bergsee
    - o Wurzel
    - o Narbe

- ❖ Notiere Begriffe und Ausdrücke, die dir zu diesem Wort einfallen.
- ❖ Sobald du den Impuls verspürst, beginne eine Geschichte zu schreiben.
- ❖ Schreibe alles auf, ohne nachzudenken und auszuwählen.
- ❖ Nimm dir für die gesamte Übung fünf Minuten Zeit.

Ziel

Diese Übung gibt dir Gelegenheit, spielerisch an das literarische Schreiben heranzugehen, ohne *mit dem Kopf zu denken* und ohne Leistungsdruck. Durch die zeitliche Begrenzung wird der Verstand geschärft. Dein Blick ist nur auf den nächsten Schritt gerichtet. Dadurch entsteht weniger Angst vor der vermeintlich großen Aufgabe des literarischen Schreibens.

Die fertigen Kürzestgeschichten kannst du anschließend überarbeiten, ergänzen, fortsetzen, als einzelne Episoden erzählen oder zu einem Gesamtwerk zusammenfügen, ganz wie du es möchtest.

2. Mit allen Sinnen

Inhalt

Beim literarischen Schreiben kannst du aus deiner Fantasie schöpfen und alle deine Sinne einsetzen. Wenn du eine Szene vor deinem inneren Auge erlebst, sie siehst, hörst, riechst, schmeckst, tastest und diese Erfahrungen niederschreibst, wird deine Geschichte auch für deine Leser*innen sinnlich nachvollziehbar. Dadurch kannst du eine bestimmte Stimmung erzeugen.

Aufgabe

- ❖ Betrachte das unten stehende Bild zwei Minuten lang.
- ❖ Überlege, was dir zu diesem Bild einfällt.
- ❖ Beschreibe das Aussehen, den Geruch, das Anfühlen, den Geschmack, die Geräusche, die du wahrnimmst.
- ❖ Wie ist der Gegenstand dorthin gekommen?
- ❖ Lass eine kurze Geschichte daraus entstehen und schreibe sie nieder.

Ziel

Diese Übung hilft dir, den Schreibfluss zu fördern. Wie schon in der Schreibübung zur Kürzestgeschichte geht es auch hier darum, Assoziationen hervorzurufen, also unwillkürliche gedankliche Verknüpfungen, und diese niederzuschreiben. Durch das sogenannte *Freie Schreiben* kannst du an deine verborgenen Schätze gelangen und deine unbewussten Gedanken, Bilder und Empfindungen ans Licht bringen.

3. Wortschatz

Inhalt

Das Handwerkzeug des literarischen Schreibens ist die Sprache. Aus der Quelle deiner Fantasie schöpfst du Bilder, die sich dann zu Worten formen. Damit deine Leser*innen diese Bilder und Worte nachvollziehen können, muss jede*r Autor*in ihren/seinen eigenen Schreibstil entwickeln, die eigene Ausdrucksform finden und die eigene Art, Geschichten zu erzählen. Damit du die für dich richtigen Worte finden kannst, musst du deinen Wortschatz erweitern.

Aufgabe

1. Teil: Zeilen eines Gedichts

- ❖ Lies dir die Zeilen dieses Gedichts durch:

    »O schau, sie schweben wieder
    Wie leise Melodien

Vergessener schöner Lieder
am blauen Himmel hin!«
(Hermann Hesse)

- ❖ Diese Zeilen sollen Ausgangspunkt für deine eigene Geschichte sein.
- ❖ Ändere die Worte um, indem du neue Begriffe findest.
- ❖ Erweitere den Text, so dass allmählich eine Geschichte in Prosa daraus entsteht.

2. Anfang einer Szene

- ❖ Lies diesen Anfangssatz einer Erzählung:

»Ich hatte mir nichts dabei gedacht,
als ich den kleinen gelben Bleistiftstummel auflas,
der auf dem gepflasterten Weg [...] lag.«
(Franz Hohler)

- ❖ Dieser Satz soll der Anfang für deine eigene Geschichte sein.
- ❖ Lass die Szene vor deinem inneren Auge entstehen.
- ❖ Schreibe die Worte auf, die dir zu dieser Szene einfallen.
- ❖ Versuche möglichst viele Worte zu finden, die zu einem Bild passen.
- ❖ Setz die Szene fort, so dass allmählich eine Geschichte mit Handlung und Personen, vielleicht auch mit Dialogen daraus entsteht.

Ziel

Diese beiden Übungen helfen dir, deinen Wortschatz zu erweitern. Gedichte sind verdichtete Sprache und sind dem bildhaften Denken am Nächsten. Das Lesen von Gedichten fördert die Vorstellungskraft, die du dazu nutzen kannst, selbst Bilder und Worte entstehen zu lassen.

Die Darstellung einer Szene fördert ebenfalls das bildhafte Denken und damit die Entstehung und Entwicklung deines Wortschatzes, den du für das literarische Schreiben benötigst.

4. Beobachtungsgabe

Inhalt

Nachdem du Ideen für dein literarisches Schreibprojekt gesammelt und deinen Wortschatz angeregt hast, gilt es hellwach und aufgeschlossen zu sein, damit deine Schreibenergien fließen und du sie nutzen kannst. Du kannst deine Beobachtungsgabe und Wahrnehmung schärfen, indem du dich für die Eindrücke um dich herum öffnest, Unbekanntes an dich heranlässt und neue Wege beschreitest. Nur so kannst du etwas erschaffen, was zuvor nicht existierte, nämlich eine von dir erdachte Welt mit einer fiktiven Handlung und fiktiven Personen.

Aufgabe

1. Teil: Notieren

- Begib dich an einen belebten Ort (Park, Brunnen in der Stadtmitte ...) oder Raum (Café, Restaurant, Museum ...) und beobachte genau, was du um dich herum siehst und erlebst.
- Ist es ein ruhiger oder hektischer Ort?

- ❖ Welche Menschen sind dort, wie sehen sie aus? Welche Kleidung tragen sie?
- ❖ Wie bewegen und benehmen sie sich? Was tun sie? Unterhalten sie sich?
- ❖ Was nimmst du sonst noch wahr (Gebäude, Tiere, Pflanzen, Gegenstände …)?
- ❖ Welche Sinneseindrücke nimmst du auf (Gerüche, Geräusche, Geschmack …)?
- ❖ Notiere alles, was du wahrnimmst.

Du kannst auch gerne diese Szene als Motiv wählen:

2. Skizzieren

- Gehe vom Notieren zum Skizzieren über, das bedeutet: Beschreibe skizzenhaft, in kurzer, knapper Sprache einen Bildausschnitt, den du vor dir siehst oder beobachtest.
- Lass daraus eine bildhafte Szene, einen kleinen Handlungsablauf entstehen.
- Skizziere das Portrait einer Person, die du in deinem Bildausschnitt siehst und charakterisiere sie.
- Denke dir eine Geschichte zu dieser Person aus.
- Warum ist sie gerade an diesem Ort? Was führt sie her? Was treibt sie an?

3. Veränderungen wahrnehmen

- Suche diesen Ort oder Raum häufiger auf, zu unterschiedlichen Zeiten.
- Was verändert sich – an der Umgebung, an den Menschen, an dem Geschehen?
- Mache Momentaufnahmen wie mit einer Fotokamera und skizziere sie.
- Konzentriere dich dabei auf einen bestimmten Bildabschnitt.
- Lass eine Geschichte mit zeitlichem Ablauf daraus entstehen.

Ziel

Diese Schreibübung fördert die Aufmerksamkeit und das bildhafte Denken, indem du Orte, Personen und Geschehen als Bilder und Bildausschnitte wahrnimmst, die sich zu einer Szene zusammensetzen. Das Notieren und Skizzieren regt dazu an, regelmäßig zu schreiben. Der kurze und knappe Schreibstil ermöglicht dir, sofort loszuschreiben und dich zugleich auf das Wesentliche zu konzentrieren. Wenn du beginnst, eine fiktive Geschichte daraus zu entwickeln, kannst du deine Notizen und Skizzen ausschmücken und ausmalen.

5. Verknüpfungen

Inhalt

Symbole, Bilder, Ideen und Gedanken, die vor deinem inneren Auge auftauchen, können verschiedene Assoziationen hervorrufen. Du musst diese Assoziationen miteinander verknüpfen, damit daraus eine fiktive Geschichte mit Figuren, Handlungsablauf und Aussagekraft entstehen kann.

Aufgabe

1. Teil: Ein Würfelbild

- ❖ Betrachte die abgebildeten Symbol-Würfel und wähle ein einziges Würfelbild aus.
- ❖ Schreibe alle Begriffe und Assoziationen auf, die dir zu diesem Würfelbild einfallen.
- ❖ Lass eine Geschichte daraus entstehen.

Rory`s Storycubes
© für die Herstellung der Story Cubes:
The Creativity Hub Ltd., Northern Ireland

2. Teil: Sechs Würfelbilder

- ❖ Schreibe nun eine fiktive Geschichte aus allen sechs Würfelbildern.
- ❖ Baue nacheinander die Symbole / Bilder auf den Würfeln in deine Geschichte ein.
- ❖ Alle sechs Symbole / Bilder sowie deine Assoziationen zu diesen Bildern sollen in der Geschichte vorkommen.
- ❖ Schreibe alle Begriffe und Assoziationen auf, die dir zu diesem Würfelbild einfallen.
- ❖ Lass eine Geschichte daraus entstehen.

3. Teil: Sechs Würfelbilder und ein Oberbegriff

- ❖ Finde diesmal einen Oberbegriff für deine fiktive Geschichte, die aus den sechs Würfelsymbolen entstanden ist.
- ❖ Wähle für deinen Oberbegriff einen einzigen Würfel von den unten abgebildeten Aktions-Würfeln aus. Das Symbol auf dem ausgewählten Aktions-Würfel soll deine Prämisse wiedergeben (<u>Beispiel</u>: Der Schmetterling und der Kescher könnten für die Aussage *Beschränkung der Freiheit* stehen).
- ❖ Betrachte die abgebildeten Symbol-Würfel und wähle ein einziges Würfelbild aus.
- ❖ Schreibe alle Begriffe und Assoziationen auf, die dir zu diesem Würfelbild einfallen.
- ❖ Lass eine Geschichte daraus entstehen.

Rory`s Storycubes actions
© *für die Herstellung der Story Cubes:*
The Creativity Hub Ltd., Northern Ireland

Ziel

Diese Schreibübung hat das Ziel, Begriffe, die scheinbar nichts miteinander zu tun haben und unabhängig nebeneinander stehen, zu verknüpfen. Dadurch entstehen neue Gedankengänge, Ideen und Wortschöpfungen.

Außerdem soll sich eine fiktive Geschichte an einer Prämisse, an einer bestimmten Aussage orientieren. Die Schreibaufgabe hilft dir, das Anliegen für dein Schreiben zu definieren und dient so als Strukturierungshilfe für den Handlungsablauf und die Entwicklung deiner Figuren.

6. Flow

Inhalt

Der Zustand des *Flow* ist ein Zustand des Sich-Vertiefens und der intensiven Beschäftigung mit dem, was du tust. Beim literarischen Schreiben ist dabei häufig vom Schreibfluss die Rede. Damit ist der Zustand gemeint, in dem die Gedanken und Ideen, Worte und Sätze aus dir herausströmen. Aber der Schreibfluss ist nur ein Teil des kreativen Schreibprozesses. Auch dann, wenn die Ideen nur stockend fließen und du nach Formulierungen ringen musst, bist du kreativ. Manchmal müssen die Gedanken auch ruhen. Deshalb verbiete ich mir den Ausdruck der *Schreibblockade*. Durch Schreibübungen kannst du den Gedankenfluss wieder ins Laufen bringen.

Aufgabe

1. Teil: Fünf-Minuten-Geschichte

- ❖ Suche dir aus den folgenden Vorschlägen intuitiv und spontan ein Thema aus:

- o Schreibe eine Geschichte über ein Gemälde.
- o Schreibe eine Geschichte über ein Gebäude.
- o Schreibe eine Geschichte über Musik.
- o Schreibe eine Geschichte über eine Farbe.
- o Schreibe eine Geschichte über ein Geräusch.

❖ Beginne sofort, die Geschichte zu schreiben. Überlege nicht vorher, was dir zu dem Thema einfällt oder was für eine Geschichte du schreiben willst. Schreibe einfach drauf los!
❖ Falls dir nichts einfallen sollte, schreibe: »Ich habe mir dieses Thema ausgesucht, weil ...« und schreibe dann alles auf, was dir in den Sinn kommt.
❖ Nimm dir für deine Geschichte fünf Minuten Zeit. Nicht länger.
❖ Du kannst die Geschichte später noch umschreiben, überarbeiten, fortsetzen ..., wie du möchtest.

2. Teil: Sich-Vertiefen

❖ Schreibe zwei Wochen lang jeden Tag über dasselbe Thema.
❖ Wähle entweder ein Thema aus der Liste oben aus oder bestimme selbst, worüber du schreiben möchtest.
❖ Nimm dir diesmal so viel Zeit für deinen Text wie du willst, entscheide an jedem Tag neu.
❖ Lass dich von deiner Inspiration führen.

Ziel

Durch das spontane Schreiben regst du deine rechte Gehirnhälfte an, die für das ganzheitliche Denken in Bildern, Farben und Melodien zuständig ist, und du schaltest das vernunftbetonte *Kopfdenken* aus. Dadurch wird die Kreativität gefördert. Durch das tägliche Schreiben über dasselbe Thema befreist du dich von inhaltsleeren, stereotypen Denkstrukturen, kannst neue Wege beschreiten und zu Bereichen subtileren Wissens vordringen. Dadurch werden deine Texte authentisch und erlangen mehr Tiefe.

7. Plotten

Inhalt

Jede Erzählung mit einer dramatischen Struktur lebt von den Handlungen der Figuren. Du musst also eine Handlungslinie entwerfen *(plotten)*, anhand derer sich die Handlung nach und nach entwickelt. Die Handlungslinie ist eine Szenenfolge, in der die Reihenfolge der Ereignisse festgelegt wird und in der die einzelnen Handlungselemente logisch miteinander verknüpft werden. Du musst eine Ursachenkette herstellen, bei der sich die eine Handlung zwangsläufig aus der anderen ergibt.

Aufgabe

1. Teil: Handlungslinie

- ❖ Ausgangspunkt ist die folgende Szene:

    Eine junge Frau fährt mit dem Zug in die Stadt.
    Sie sitzt am Fenster und liest.

Am nächsten Bahnhof steigen neue Fahrgäste zu und neue Reisende kommen in den Wagen.
Ein Mann Anfang 30 setzt sich der jungen Frau gegenüber.

- ❖ Wie geht es weiter?
    - o Entwickle eine Handlungslinie, in der sich jeder einzelne Handlungsschritt jeweils aus dem vorhergehenden ergibt, so dass eine Handlungskette entsteht.
    - o Frage dich bei jedem Handlungsschritt: »Und was geschieht nun?«
    - o Stelle dir die Bewegungen, Schritte und Handlungen vor und achte darauf, dass sie stimmig sind.
    - o Skizziere eine Konfliktsituation, in die die junge Frau als deine Hauptfigur gerät.

2. Teil: Motivation

- ❖ Entwickle nun den inneren Konflikt der Hauptfigur.
    - o Was ist ihre Motivation? Was sind die Beweggründe für ihr Handeln?
    - o Welche Charaktereigenschaften hat sie?
    - o Was treibt sie an? Was will sie erreichen?
    - o Wie würdest du dich in der konkreten Situation verhalten?
    - o Wie kann die Hauptfigur den Konflikt lösen?

Ziel

Diese beiden Übungen sollen dir bewusst machen, dass es für eine Erzählung mit einer dramatischen Struktur nicht ausreicht, lediglich eine Handlungsabfolge zu schildern. Der äußere Konflikt muss mit dem inneren Konflikt der Hauptfigur übereinstimmen. Nur so kann es dir gelingen, die Erzählung authentisch, stimmig und lebhaft zu gestalten.

Die folgende Abbildung kann dir als Anregung für die Szene im Zug dienen:

8. Der Anfang

Inhalt

Eine geeignete Methode für den Anfang einer Geschichte ist es, mit der Hauptfigur zu beginnen und *sie* die Geschichte erzählen zu lassen. Dazu musst du deinen Protagonisten in eine Szene setzen, die zugleich die Ausgangssituation für deine Geschichte bildet. Diese Anfangsszene sollte so dicht wie möglich am Höhepunkt deiner Geschichte stehen. Sie soll das Interesse der Leser*innen wecken und Spannung erzeugen.

Aufgabe

1. Teil: Anfänge lesen

- ❖ Wähle drei Romane aus, die du bereits gelesen hast und die dir besonders gut gefallen haben. Nimm dir diese drei Bücher nochmals vor (aus deiner eigenen oder aus einer öffentlichen Bibliothek) und lies jeweils die ersten drei bis fünf Seiten.

- Beobachte und notiere:

    - Welche Methode wählt die/der Autor*in jeweils für den Anfang ihrer/seiner Geschichte?
    - Wie gelingt es dem/der Autor*in, dein Interesse an der Figur und dem Handlungsablauf zu wecken?
    - An welcher Stelle hast du das Gefühl, unbedingt weiterlesen zu wollen?

2. Teil: Anfänge selber schreiben

- Probiere nun aus, wie du selbst eine Geschichte anfangen würdest.

    - Skizziere kurz drei eigene Geschichten, indem du in wenigen Sätzen jeweils deren Anfang, Mitte (Höhepunkt) und Ende notierst.
    - Überlege dir jeweils eine Prämisse für die Geschichte!
    - Schreibe für jede skizzierte Geschichte einen Anfang (ein kurzer Absatz genügt!).
    - Probiere dabei verschiedene Methoden aus (Szene, Beschreibung, Charakterisierung deiner Hauptfigur).

Ziel

Diese Übungen haben das Ziel, dir bewusst zu machen, dass der Anfang einer Geschichte zugleich schon das Ende in sich birgt. Schärfe deine Aufmerksamkeit für die Erzählmethode und für die Gestaltung des Anfangs, indem du selber viel liest! Bewusstes Lesen bereichert und fördert den Wortschatz und den eigenen Erzählstil, entspannt und regt die Fantasie an und trägt zur Entwicklung der eigenen Persönlichkeit bei.

9. Variationen

Inhalt

Beim literarischen Schreiben musst du deine Texte nicht zwangsläufig immer in einer der dramatischen Struktur (Anfang – Mitte – Ende) aufbauen. Es gibt andere Gestaltungsmöglichkeiten: Episoden, Mosaike, Collagen, Kürzestgeschichten, Kurzprosa, Haikus sowie künstlerische Gesamtwerke.

Aufgabe

- ❖ Schau dir das unten stehende Bild genau an.
- ❖ Überlege dir zu diesem Bild ein Thema oder einen Oberbegriff.
- ❖ Schreibe zu diesem Thema oder Oberbegriff eine Reihe von eigenständigen Texten.
- ❖ Probiere dabei verschiedene Variationen derselben Geschichte aus.
- ❖ Verwende auch unterschiedliche Textelemente (Erzählung, Bericht, Charakterisierung, Ortsbeschreibung, Dialog, Kürzestgeschichte, Gedicht ...).

- ❖ Jeder einzelne Text soll zum Thema beitragen. Es soll ein Gesamtwerk entstehen, in dem jedes Element das Werk erweitert und um Details anreichert.
- ❖ Die durchgehende Struktur wird durch das Thema gebildet, nicht durch den Handlungsablauf.

Ziel

Das originelle schöpferische Schreiben hilft dir, deinen persönlichen Schreibstil zu entwickeln und deinen künstlerischen Ausdruck zu finden. Dein literarisches Schreiben wird dadurch kunstfertiger. Indem du verschiedene Gestaltungsformen anwendest, können zeitliche und inhaltliche Lücken im Text entstehen, Verdichtungen, die die Leser*innen selbst mit ihrer Fantasie schließen können. Es gibt viele verschiedene Möglichkeiten, die eigene Ausdrucksform zu finden. Sei kreativ und probiere es aus!

10. Figuren gestalten

Inhalt

Fiktive Geschichten leben durch ihre Figuren und werden von deren innerem Antrieb geleitet. Deshalb ist es wichtig, deinen Figuren Konturen zu geben, sie authentisch und glaubhaft zu gestalten. Denn nichts ist langweiliger als klischeehafte Figuren. Ich stelle hier eine Reihe von Schreibaufgaben vor, die es dir ermöglichen, mit deinen Erzählfiguren zu arbeiten und sie zu entwickeln.

Aufgabe

1. Teil: Eigenschaften festlegen

- ❖ Zunächst musst du deine Erzählfigur kennenlernen. Schreibe auf, welche Eigenschaften sie besitzt. Visualisiere die Figur, indem du für einen Augenblick die Augen schließt und sie dir bildhaft vorstellst. Betrachte sie genau und setze sie dann in eine Szene.

- Schreibe die folgenden Merkmale und Eigenschaften deiner Erzählfigur auf:
    - Name, Aussehen, Alter, Beruf
    - Gestik und Mimik (Wie bewegt sie sich? Wie benimmt sie sich?)
    - Sprache (Wie redet sie? Wie ist ihr sprachlicher Ausdruck?)
    - Beruf und Bildungshintergrund
    - Familie und Herkunft

2. Teil: Eigenschaften weiter ausarbeiten

- Schreibe deiner Erzählfigur einige ungewollte Eigenschaften und Widersprüche zu, damit sie weitere Konturen und Facetten erhält und nicht flach und einseitig gerät.
- Authentisch und liebenswert sind Figuren mit Schwächen und Macken, Ecken und Kanten.

3. Teil: Stimmigkeit der Figur überprüfen

- Wichtig ist, dass deine Erzählfigur nicht zu sehr mit deiner eigenen Person übereinstimmt. Dadurch schränkst du sie in ihrer Handlungsfähigkeit ein. Überprüfe deshalb, ob deine Figur eine stimmige, abgerundete Persönlichkeit hat, indem du dir die folgenden Fragen stellst:

- o Was ist die vorherrschende Leidenschaft deiner Figur? Was treibt sie an? Was motiviert sie? Welche Absichten und Ziele verfolgt sie?
- o Findest du selbst deine Figur so interessant, dass du längere Zeit mit ihr verbringen und dich mit ihr beschäftigen möchtest?
- o Würdest du selbst gerne eine Geschichte über deine Figur lesen wollen?

❖ Deine Figur soll im Laufe der Geschichte eine Wandlung vollziehen. Vor welche Aufgabe willst du sie stellen, damit sie ihr Potenzial entwickeln kann?

4. Teil: Die Figur beschreibt selbst ihre Entstehung

❖ Lass nun die Erzählfigur selbst zu Wort kommen.
❖ Versetze dich in deine Figur hinein und lass sie aus ihrer Sicht erzählen, wie sie entstanden ist (»Mein*e Autor*in [Name] erfand mich, als sie/er gerade ... Sie/er hatte die Idee ...«).

5. Teil: Verschiedene Settings

❖ Lerne deine Hauptfigur noch besser kennen. Schreibe kurze Texte, in denen du sie in verschiedene Szenen setzt.
   Zum Beispiel:

- Deine Figur verliebt sich. Daraus entsteht eine interessante Beziehung.
- Deine Figur erlebt einen Tag in ihrer Kindheit.
- Deine Figur geht am Abend aus. Welche Kleider hängen in ihrem Kleiderschrank und wie kleidet sie sich? In welches Restaurant geht sie? Mit wem? Was isst sie gerne? Was bestellt sie? Wie isst sie?
- Wie verbringt deine Figur einen normalen Abend (ohne Verabredung)?
- Was ist deiner Figur peinlich? Wann wird sie verlegen? Und wie?
- Wo ist ihre verletzliche Stelle, ihr größter Fehler?

Ziel

Wenn du einen persönlichen Zugang zu deinen Figuren hast und dich in sie hineinversetzen kannst, kannst du sie auch für deine Leser*innen interessant und nachvollziehbar gestalten. Betrachte die vorgestellten Übungen als Anregungen. Wenn du magst, kannst du gerne noch mehr ausprobieren. So lange, bis deine Hauptfigur von selbst anfängt, ihre Geschichte zu erzählen.

11. Dialoge schreiben

Inhalt

Der Dialog in einem fiktionalen Text hat die Aufgabe, die Figuren zu charakterisieren und die Handlung voranzutreiben. Die Eigenarten der Figuren und ihre Beziehungen zueinander werden allein durch ihre Art miteinander zu reden, deutlich.

Aufgabe

1. Teil: Vom Fließtext zum Dialog

- ❖ Schreibe einen vorhandenen Text aus einem Roman in Dialogform um. Nimm dir dazu einen Roman vor, der möglichst viele Beschreibungen enthält. Dazu eignen sich klassische Romane, beispielsweise *Effi Briest* oder *Die Buddenbrooks*, aber auch moderne Romane, die etwas umfangreicher sind.
- ❖ Wähle aus diesem Roman einen Abschnitt von maximal einer Seite Länge aus, in der eine Szene dargestellt wird, in der zwei oder mehr Personen miteinander agieren.

- ❖ Schreibe diesen Text um, indem du ausschließlich Dialoge verwendest, so wie in einem Drama, mit wechselnden Rollen.
- ❖ Deiner Fantasie sind keine Grenzen gesetzt, du kannst die Handlung verändern, erweitern oder einschränken, wie du willst.

2. Teil: Vom Dialog zum Fließtext

- ❖ Wähle nun den umgekehrten Weg und schreibe einen Text von der Dialogform in Prosa um. Suche dazu einen Text aus einem Drama heraus, beispielsweise Schiller, Shakespeare, Tennessee Williams, Henrik Ibsen.
- ❖ Wähle eine kurze Szene von maximal einer Seite aus.
- ❖ Schreibe diesen Text um, indem du keine Dialoge mehr verwendest, sondern Prosa. Gib nur noch die Handlung wieder.

3. Teil: Fiktionales Gespräch

- ❖ Schreibe einen fiktionalen Text in Dialogform.
- ❖ Lass dich dafür von dem nachfolgenden Bild inspirieren.
- ❖ Betrachte die Personen auf dem Bild und lass ein Gespräch entstehen. Schreibe auf, worüber sich die Personen unterhalten.
- ❖ Versuche, jeder Person bestimmte Eigenschaften und Verhaltensweisen zuzuschreiben und lass diese in der Art und Weise, wie sie sprechen, lebendig werden.

Ziel

Diese Übungen sollen dich dabei unterstützen, dich auf die Gestaltung deiner Figuren zu konzentrieren. Mache deutlich, welche Eigenschaften und besonderen Eigenarten sie besitzen, indem du sie reden lässt. Jede Figur hat ihre eigene Sprache, in der ihr Charakter und ihre Beweggründe zum Vorschein kommen. Konzentriere dich auf die Art, wie deine Hauptfigur spricht und was sie redet, wie sie mit den anderen Figuren interagiert und wie sie sich von den anderen unterscheidet.

12. Perspektivwechsel

Inhalt

Literarisches Schreiben bedeutet, eine Geschichte mit fiktiven Figuren zu erzählen. Dazu musst du dich in deine Erzählfiguren hineinversetzen. Wie würde sich eine reale Person in der konkreten Situation verhalten? Welche Gefühle und Gedanken würden sie bewegen?

Aufgabe

1. Teil: Blick aus dem Fenster

- ❖ Nimm die Perspektive einer Person ein, die sich von dir als Autor*in unterscheidet.
- ❖ Schaue aus dem Fenster und betrachte den ersten Gegenstand, den du siehst. Zum Beispiel: Baum, Straßenlaterne, Haus gegenüber, Briefkasten …
- ❖ Beschreibe diesen Gegenstand in kurzen, präzisen Sätzen.
- ❖ Lass daraus eine kurze Geschichte in der Er-/Sie-Form entstehen. Beschreibe, wie eine Person in einem Zimmer sitzt oder

am Fenster steht und durch das Fenster hinausschaut und einen Gegenstand betrachtet.
- ❖ Versuche, möglichst sinnliche Bilder für deine Beschreibung zu finden, die die innere Stimmung des Protagonisten wiederspiegeln.

2. Teil: Landschaftsüberblick

- ❖ Statt aus dem Fenster zu schauen, kannst du auch einen zufälligen Ort auf einer Landkarte auswählen.
- ❖ Stell dir vor, was du von diesem Ort oder Standpunkt aus sehen würdest.
- ❖ Wie sehen die Landschaft und die Umgebung aus? Welche Gebäude, Bäume, Pflanzen, stehen dort? Wie sieht das Gelände aus (Naturlandschaft, Straßen, Häuser, Geschäfte …)? Siehst du in der Umgebung Menschen, Tiere? Womit sind sie beschäftigt?
- ❖ Notiere deine Gedanken und Beschreibungen.
- ❖ Lass daraus eine kurze Geschichte in der Er-/Sie-Form entstehen (wie oben).

3. Teil: Auf die Perspektive kommt es an

- ❖ Versetze dich nun in die Position des Gegenstandes, den du betrachtet hast und erzähle die Geschichte aus der Sicht dieses Gegenstandes.
- ❖ Was nimmt er/sie wahr? Was geschieht aus seiner/ihrer Perspektive?

Zum Beispiel:
- Der Baum streckt seine Äste zu deinem Fenster aus.
- Ein Eichhörnchen hüpft über die Zweige und Äste des Baumes.
- Der Briefkasten klappert; Post für die Person, die in dem Haus wohnt.

Ziel

Diese Übungen sollen dich dabei unterstützen, einen anderen Standpunkt, eine andere Sichtweise einzunehmen. Beim literarischen Schreiben musst du die Perspektive der Erzählfigur einnehmen. Die Figur muss sich von dir als Autor*in unterscheiden. Ansonsten würdest du einen Bericht schreiben oder eine autobiografische Erzählung. Je nachdem, welche Sichtweise (Perspektive) du beim Erzählen einnimmst, kann die Wirkung auf die Leser*innen ganz verschieden sein.

Wie geht es weiter?

Das literarische Schreiben ist ein immer währender Prozess. Wenn du regelmäßig schreibst und deine inneren Bilder, Ideen und Gedanken anzapfst, hört das Schreiben nicht auf. Übe dich im literarischen Schreiben, indem du die theoretischen Beiträge dieses Buchs beachtest und immer wieder die Schreibübungen durchführst. Du kannst und darfst sie selbst abwandeln und erweitern. Betrachte sie als Fingerübungen, die du benötigst, um in den Schreibfluss zu geraten. Lerne dich als Schreibende*r und deine eigene Art zu schreiben kennen.

Habe Geduld mit dir. Vertraue auf deine Fähigkeiten. Auch wenn du jetzt am liebsten mit einem größeren Schreibprojekt loslegen würdest, übe dich zunächst im literarischen Schreiben. Nur so wirst du nach und nach deine Schreibfähigkeiten verinnerlichen und nutzen können. Es gibt keine Schreibtechniken oder Schreibmethoden, die für alle Schreibenden gleichermaßen gut funktionieren. Deshalb probiere aus und erweitere mit der Zeit dein Repertoire und deine Texte.

Schreiben ist eine Tätigkeit, die du allein ausübst. Aber du kannst dich mit anderen kreativen Menschen umgeben. Neue Gedanken entstehen und deine eigene Kreativität wird angeregt, deine Ideen strömen und deine Schaffenskraft sprudelt. Ein Projekt, das aus einer Gruppe heraus entstanden ist, die sich dem gemeinsamen literarischen

Schreiben gewidmet hat, ist auf der Website *Quartiere Literataire – Literarisches Schreiben* zu finden (https://quartiereliterataire.com).

Weitere Denkanstöße und Beiträge über das literarische Schreiben, die Schreibtheorie sowie das Handwerkzeug des Schreibens findest du auf meiner Website *Clara Journot – Literarisches Schreiben* (https://clarajournot-literarisches.com). Dort erfährst du auch etwas über meine aktuellen Schreib- und Buchprojekte.

Bald wird auch der 2. Band zum literarischen Schreiben erscheinen, in dem ich Anregungen zum Konzipieren und Gestalten größerer Schreibprojekte bis hin zum Roman geben werde.

Literaturhinweise:

- Roberta Allen: Literatur in 5 Minuten, 1997
- Betty Sue Flowers: System Roles and the Writing Process, 1979
- Franz Hohler: Das Kurze, das einfache, das Kindliche, 2010
- Tilmann Köppe, Tom Kindt: Erzähltheorie. Eine Einführung, Reclam 2014
- Otto Kruse: Kunst und Technik des Erzählens, 2001
- Hanns-Josef Ortheil: Schreiben dicht am Leben. Notieren und Skizzieren, Dudenverlag 2012
- Jürgen vom Scheidt: Kreatives Schreiben – Hyperwriting, 2006
- Sol Stein: Die Kunst des Schreibens, 2001

Notizen